Angelika Fürthauer

FEIERtag & FREUZEIT
Wünsche für einwendige
und auswärtige Anlässe

www.bayerverlag.at

1. Auflage 2000
2. Erweiterte Auflage 2013

ISBN: 978-3-902814-05-0

Bayer Verlag, Wilhering

©Angelika Fürthauer, Steinbach/Attersee

gedruckt in Oberösterreich bei Haider

Angelika Fürthauer

FEIERtag & FREUzeit

Wünsche für einwendige
und auswärtige Anlässe

www.bayerverlag.at

Dös bin ih, wer mih net kennt!
Ih hab dös Büachl FREUZEIT gnennt,
die jeder habn kann und kriagt,
wann er im Lebn ois locker siagt.

Liebe Freunde meiner Gedichtbände!

Mit dem siebten, jetzt nach 13 Jahren erweiterten Band meiner „Lachdenker-Kollektion" komme ich vor allem dem Wunsch jener Leser nach, die für ihre Feier- und Freuzeitstunden etwas Besonderes suchen.

Hier finden Sie nicht die Formulierungen im Stil der alten Großmeister, sondern einfache und humorvolle Gedichte, die in bodenständiger Weise Brücken schlagen mögen bei unseren „privaten Weltereignissen".

Das neue Kapitel „der letzte Gang" beinhaltet Meditationen aus dem alpenländischen Requiem, welches aus unserer musikalischen Familienwerkstatt stammt. Es sind schlichte Gedanken in der Heimatsprache, die das Gottvertrauen und die Verbundenheit mit der Natur widerspiegeln, wenn Menschen auf dem Lande für immer Abschied nehmen.

Möge auch dieser Gedichtband soviel Anklang wie seine Vorgänger finden und zum nützlichen Begleiter bei vielen Anlässen im Familien- und Bekanntenkreis werden.

Ihre

Angelika Furthaner

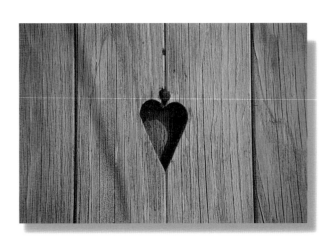

FREUZEITGEDICHTE

Mir gehts am liabsten guat

Wann, wias oft is, wer vor mir steht
und sich erkundigt, wias ma geht,
denk ih net nach und sag sofort:
Oh, mir gehts am liabstn guat!
Weils ihn ja eh net interessiert
und nix durchs Jammern anders wird!

PS:
Ihr sollts mih jetzt net falsch versteh!
Mir kunnts wirklich net besser geh…

Poet ohne Allüren

Ih hab koan schrägn Künstlernam',
schreib nie in oana Wurscht ois zamm,
bin net fürn Staatspreis nominiert
und net politisch engagiert.

Hab koan Ferrari mit Schaffeur,
koan Zweitwohnsitz im Mittelmeer,
zu mir derfts Du sagn, und net S i e –
und noch ein Merkmal gibts, dös mih
von echten Künstlern unterscheidet:
Ih bin nie ganz schwarz gekleidet!

Ih bin leider ganz normal.
Und weil ma heut durch an Skandal
viel schneller in die Zeitung kimmt –
bin ih nu ollwei net berühmt
wia dö umstrittenen Autoren.

Drum bleib ih, bis aus mir was wordn
und auch m e i Nam wo obnsteht –
a kloana Nebenerwerbspoet!

Der Alleinunterhalter

Wann manche Menschen sich entfaltn
am Stammtisch und beim Kaffeeplausch –
kann ih mih glänzend unterhaltn
wann ih mit m i r Gedanken tausch.

Ih nimm mih liebevoll auf d'Schaufel
und halt mih zeitweis so am Schmäh –
dass sich mei eigner Mann noch wundert
wia guat ih mih mit m i r versteh.

Da schreibt mei Bleistift zärtlich nieder:
Niemand liebt mich so wie ich!
Und dann schmiert er wieda zwida
über ois an dicken Strich.

Doch meist kann ih mih ganz guat leidn.
Und kann ih's net, is a mei Bier,
weil ih, wann sich die Geister scheidn –
a Zeitlang halt nix red mit mir!

Der erste Auftritt mit der Harmonika

Hausfraun, Heimwerker und Kinder,
Quereinsteiger, späte Zünder
und Senioren schrein Hurra -
wir spielen jetzt Harmonika!

Es ist ja ein Kinderspiel
dös jeder kann, wann er nur will
im MICHLBAUER-Lernsystem-
einfach, sicher und bequem.

Begeistert nimmt man´s in die Hand
im Nachthemd und im Arbeitsgwand,
stattn fernsehn, unterm Kochen
und siehe da, nach a paar Wochen
scheint der Traum sich zu erfülln -
man kann den ersten Walzer spieln!

Die Begeisterung ist groß.
Man fühlt sich fast schon virtuos
und gar nix bringt dich aus der Ruah -
vorausgesetzt, es hört neamd zua!

A Auftritt vor dem Publikum
haut oft den besten Schüler um,
der, wann er auf der Bühne steht,
plötzlich nimma woaß, wias geht,
der s´zittern anfangt und der schwitzt,
am Sessel wia auf Nadeln sitzt
und woaßt net, wia soll er beginna -
dahoam, da hat er´s so guat kinna!

Aller Anfang is halt schwar!
Sogar die Philharmonika
habn bis obn die Hosn voll
wann sie dös allererste Mal
auf der großen Bühne stehn,
und warum solls *euch* besser gehen?

*Gewidmet den Schülern
der Michlbauer-Harmonikawelt*

Traumflüge mit Bodenhaltung

Manchmal, da mecht ih ganz weit fortfahrn,
am liabstn bis ans End der Erd,
wo mih neamd mehr find und fragn kann,
was ih zu Mittag kochn werd.

Da mecht ih mit dö Finger essn
und mir die Nacht um d'Ohrn schlagn,
und statt der schweren Einkaufstaschn
nur s'Zahnbürstl im Rucksack tragn.

Mecht mir a Million abhebn,
die mei Erbtant für mih gspart
und net nur im Film erlebn,
wias is, wanns Herz gegn d'Einbahn fahrt …

Ja, hie und da reit mih da Teufi!
Aber z'fleiß lass ih's net schein.
Lach mit, wanns aufs Kommando lachn
und woan mih aus beim Zwieblschneidn!

Frühlingserwachen zum Einschlafen

Kimmt da Lenz und macht uns froh,
dann erklingt im Radio
was die Leut, wann d'Vogerl singen
mitn Frühling in Verbindung bringen.

So a Reportage muaßt hörn,
auf welche Art d i e munter wern!

Der oane redt nur mehr vom Joggen,
der andere mecht Bärlauch brocken,
der Autofahrer tramt davon
dass er Reifen wechseln kann,
die Dicken foltern ihre Bäuch
weil sie ausschaun wolln wia neich
mit Liegestütz und Maier-Kur
und die Hausfraun schwärmen nur
dass endlich Fenster putzen kinnan.

Jetzt glaub ih's dann, dass olle spinnan
denn wann mih i h am Frühling gfrei,
fallt ma weit was Schöners ei!

Titel und Ordensträgerlitanei

Die Feuerwehr von Brandlbach
hat Spritznwagnweih,
mit Feldmess und an Bieranstich
und Hendlbraterei.
Die Trachtler stehn in Reih und Glied,
der Hauptmann auf dö Schläuch
und d'Musi spielt ihrn Lieblingsmarsch:
Oh du mein Österreich!

Da Burgermoasta von da Gmoa
im Lodnsteirergwand
begrüßt die hohen Ehrengäst
und schüttelt eahna d'Hand.
Er zittert wia a Lamplschwoaf
und kimmt von sein Versteck –
aus Angst vor seiner Festansprach
vom Häusl nimma weg.

Hochgeschätzte Festgemeinde!
Iatzt gehn ma's also an.
Ich grüße unsern Landeshauptmann
der nicht kommen kann.
Dafür schickt er den Landesrat,
es is uns eine Ehr,
und Landtagsabgeordneten
an jedn mit Schaffeur.

Auch unserm Herrn Bezirkshauptmann
gilt heute unser Gruß!
Dem hochverehrten Oberforstrat
wia dem Jagdausschuss.

Der Abordnung für Sicherheit
mitn Postenkommandant,
dem Kirchenrat und Ehrnobmann
vom Fleckviehzuchtverband.

Die Ortsbäuerin mit ihrn Gemahl,
den Fußballpräsident,
den Gschäftsführer vom Lagerhaus,
den neichn Konsulent,
Die Obfraun von dö Goldhaubngruppn
und der KFB
da kann nix Gscheits im Fernsehn sein –
sunst tatns heut net geh!

Wir grüßen auch den Bürgerlistenspitzenkandidat
den Schriftführer vom Sängerbund
und Raika-Aufsichtsrat,
den hochverehrten Oberamtsrat
na, wia hoaßt der Ding?
Vom Club, wo olle Schweindln san –
vom Landesferkelring.
Den Hochwürden aus der Nachbarspfarr
mitn Dechant und Kaplan,
und olle, die net eingladn warn
und trotzdem kemma san!
Euch bitt ih für d'Gemeindewahl
schon heute ums Vertraun
und stimme nun aus voller Brust die Landeshymne an!

Die Schlacht am Buffet

Wann ma am Land und in der Stadt
von Zeit zu Zeit was z'feiern hat,
der schönste Lichtblick eh und je
ist die Eröffnung vom Buffet.

Als hättns ghungert seit a Wochn
springan, wia von a Wespn gstochn
die Ehrengäste wia da Blitz
auf vom reserviertn Sitz.

Der Bürgermeister geht zuerst.
Denn wannst zur Prominenz gehörst
brauchst Schinkenrolln und Hühnerkeuln
net mit der breiten Masse teiln.

Hinter eahm steht der Herr Lehrer.
Der tuat sich schon a bisserl schwerer
weils ihm bereits in d'Versen treten
und bei der 3. Wildpastetn
schiabt sei nervöser Hintermann
so ruckartig mitn Teller an
dass er mit der ganzen Hand
in der Mayonnais drin landt.

Dem nächsten gehts net recht viel besser.
Er spürt im Rücken, wia a Messer
sich durch sein Steireranzug bohrt.
Aber er geht net weg von dort
weil ihm die andern sonst die Krabbn
vor der Nasn weggaschnappn.

Der Hauptmann von der Feuerwehr
fallt übers Blunzengröstl her
und schiabt sich für den nächsten Tag
fünf Salzstangln in Hosnsack.

Er schaut dös feine Zeug net an.
Weil er's eh net essn kann.
Dafür holt sich der Herr Direktor
drei Langusten und die zlegt er
indem er eah an Schwanz ausreißt
und wia in'd Knackwurst einibeißt.

Sei Frau dagegn holt sich grad
fürn kleinen Hunger an Salat
wo's jedes Blattl daunihaut
dass zweitigst übern Teller schaut
und auflegt, dass man glaubt, sie wär
a Hoch- und Tiefbauingenieur.

Der Doktor glaubt, er kann dös auch,
doch weil d'Augn größer wia da Bauch
hat der Arme in sein Kummer
die Dekoration mitgnumma.

Wer jetzt nu kimmt, derwischt nix mehr.
Die Bäuch san voll, s'Buffet is leer
aber bereits in vierzehn Tag
feiert unsa Kläranlag
ihrn fünfzehnjährigen Bestand.
Bis dorthin passt ma wieder s'Gwand
weil ih nimma zum Kühlschrank geh
bis zur Eröffnung vom Buffet!

Dein Friseur macht dich rundherum schön

Wann ma sich in Spiagl schaut
und der fromme Wunsch wird laut
dass ma ganz gern schöner wär,
geht ma meistens zum Friseur.

Der macht die kühnsten Träume wahr.
Vorausgesetzt, du hast noch Haar
und lasst dih für die Schönheit quäln,
weil so a leichte Dauerwelln
strapaziert sei Opfer sehr.

Jedes Schüpperl kreuz und quer
wird wia a Rollmops aufmontiert
und der net woaß, was außawird
hat nu nia an Pudel gsegn
der draußensteht im Wetterregn.

Lauter Lockerl, kraus und nass.
Aber der Rohbau wird nu was
wanns an Figaro gelingt
dass er a Farb ins Leben bringt.

Mit viel Geduld und noch mehr Schmier
und Alufolienpapier
packt und wickelt er ois ein
und bist den silbern Heilignschein
wieder los, kannst nach a Stund
ausschaun wia a bunter Hund.

Nach so a langen Prozedur
hast nu ollwei koa Frisur,
denn Fransen, Stufenschnitt und Spitzen
hoaßt scho wieder a Stund sitzen!

Und für a neue, steile Mattn
derfst a net sparn mit Präparatn
wia Festiger und Formingschaum

Sunst fallt die Traumfrisur glei zamm
wann ma oamal drüber schlaft.
Dass sie die vitale Kraft
bis zum Bettgeh net verliert
wirds niedergfönt und auftoupiert
und wia'st iatzt ausschaust, glaubt a jeder
du bist verwandt mitn Struwwelpeter.

Damit's wieder in Richtung liegt
wirds mit a Dosn Lack zammbickt
und sagt da Spiagl: Du bist sche!
Zahlst an Blauen und derfst geh.

Doch glaub eahm's net, da Spiagl liagt,
weil a jeder, der dih siagt
sagt: Wia kimmst denn heut daher!
Du brauchst dringend an Friseur!

Liebe is leiwaund

Wann ma im Fernsehn hört und siagt
welcher Film an Oscar kriagt
kann man sich s'Kinogeh derysparn.
Es is ollwei derselbe Schmarrn.

ER, stoareich und heißbegehrt,
triafft SIE, schön und a Sünde wert
grad so, als obs Bestimmung wär,
ganz zuafällig am blauen Meer.

Da siagt ma noch sehr wenig Haut.
Aber schneller, als ma schaut
liegens auch scho ohne Gwand
als Liebespaar im Bett beinand.

Da is der Film noch net vorbei.

Jetzt folgt nämlich erst Teil zwei
wo er ihr hinterher gesteht
dass er bereits a andre hätt.

Sie steigt in Zug, er fahrt ihr nach,
er schwört ihr Treue, sie wird schwach
und dann kimmt, was jeder kennt
a tränenreiches Happy End.

Seids ihr womöglich darauf hoaß,
dass wissts, woher ih z'erst scho woaß,
worum sich's bei so Filme draht???
Naja, weil ih genau so tat…

Bussi Bussi Gsellschaft

Wer sich heutzutags beschwert,
die Gsellschaft wär net liebenswert
soll auf a Party gehn mit mir!

Kaum erschein ih in der Tür
flieagn ma scho von der Weitn
die Bussi zua von olle Seitn.

Natürlich net aus Kokosett.
Sondern ganz charmant und nett
auf beide Wangerl links und rechts.

Dös is überhaupt nix Schlechts
sondern ghört zum guten Ton.
Da schmeckt a koans nach Pitralon
oder Kölnisch Wasser bloß.
Sie duften nur nach Hugo Boss,
nach Chanel und Lagerfeld.

Dös mag ih, wann die feine Welt
mih abschleckt wia dö Kuah ihr Kaiberl!
Da hat koa steifer Typ a Leiberl
der mir beim Grüaßn d'Hand verrenkt!

Wer ständig an Bazillen denkt,
hat für Zärtlichkeit koa Gspür.
Ih steh auf Bussi, weil ih mir
wann ih auf solche Party's war,
vorm Bettgeh sogar s'Waschn spar!

Ich hätt getanzt heut Nacht

Wann auch a Frau heut ohne Mann
schon ohneweiters fortgeh kann –
aufm Tanzbodn is koa Hit.
Da hat jeder sein Beiwagn mit.

Da hast alloane nia a Leiberl,
denn da sitzt jeder bei sein Weiberl
und sie halt ihn bei dö Händ
dass er ihr ja net durchibrennt.

Schreit a beim Saaleingang da Huaba:
Servas, Pupperl, hau dih zuawa!
Ih merk sofort, ih kanns net tuan,
weil die Seine, die Biskurn
keppelt von da Weitn scho:
„Dö soll dahoambleibn bei ihrn Mann!
Dös hätts net gebn zu meiner Zeit
dass solo furtgehn, d'Weiberleit!"

Der Tisch danebn is zwar viel größer,
aber da gehts ma koa Laus besser.

Jeder blickt bei seiner Altn
ihrer seidern Kittlfaltn
wo'st an Schweizer Kracher brauchst,
damitst as'ausananderdauchst!

Da halt mih nix mehr, ih bin weg
und sitz mih zu an Paar ins Eck
die auf mei Gegenwart vergessn,
weil sie sich vor Liab grad fressn!

s'Dirndl sitzt beim Buam am Schoß
und grad wia sich der scharfe Has
von da Strumpfhosn befreit,
kriag ih a Huastn wia net gscheit
und bin an halbn Meter gruckt.
Sunst hättn mih dö zwoa dadruckt.

Ih schwörs, niemehr geh ih alloa.
Kannst wartn, wia da Hund aufs Boa
oder wia s'Blümchen an der Mauer
bis endlich amal so a Schauer
unseroans ums Tanzn fragt
und d'Händ vom Hosnsack auspackt.

Und weil mih eh koa Mensch versteht
dass mir nur um d'Bewegung geht
sollns ruhig schlecht über mih redn!

Drum holts mih bittschön, ih nimm jeden!
Sogar an altn Kraudara,
wann er nur alloa da war.

Streitgespräch im Kleiderkasten

Ih hab dahoam an Kleiderschrank.
Da drinnen hängt scho jahrelang
mei Dirndl nebn an Sommerkleid.
Und hab ih ollwei glaubt bis heut
dass die zwoa am Kleiderhakn
friedlich san und sich vertragn –
kaum häng ih's Dirndl auf sein Platz,
streitens scho wia Hund und Katz.

„Na, wia dih du heut wieder spreizt!"
sagt s'Trevirakleid gereizt
zu mein Lieblingsdirndlgwandl.
„Schleich dih mit deine Schürzenbandl
und dein gschertn Kittlsack!
Bist auf der Leischn jedn Tag
und ih häng da die ganze Zeit!"

„Ah, mir scheint, du hast an Neid"
sagt mei Dirndlgwandl drauf.
„Du bist ja a vom Ausverkauf
oder von der Schnäppchenjagd!
Wer heut nu sowas wia dih tragt
kann höchstens drin in Ebensee
beim Fetznzug in Fasching geh!
Dorthin, wo ih bin, wirst du nia
mehr ausgführt wern! Ih wett mit dir!"

„Was", schreit da s'Kloadl. „Kannst scho wettn!
Les gefälligst d'Etikettn!
Ih bin feinste Haute Couture!
Dann sagst nimma du zu mir.
In mein Kragn steht Fürnkranz drin!

Mih hat, weil ih was Bessers bin
da Adlmüller selbst kreiert!"

„Na glaubst, dass mir dös imponiert?"
schnabelt s'Dirndlkloadl zruck.
„Mei Kittl is aus Baumwolldruck
und s'Leiberl aus an Bauernleinen!
Mei Motto hoaßt: Mehr sein als scheinen!
bekennt es voller Stolz und lacht.
Ih bin ja auch a echte Tracht
mit Tradition in Farb und Schnitt.

Und dös is da Unterschied
dass ständig Streit gibt bei uns zwoa.
Ih bleib, was ih immer woar
und werd trotzdem niemals alt.

Bin ih abgwetzt, kriag ih halt
am Kittl a neichs Leibl dran,
wo ih glei wieder jung ausschau!"

Dös feine Kleid is ganz erstaunt
und druckt sich an die Kastnwand.
Wahrscheinlich siagt es sich bereits
im Plastiksack vom Roten Kreuz.

Auch s'Dirndlkloadl gibt a Ruah.
Und kimm ih mir, so ab und zua
in feinen Kleidern schena für
geh ih zu meiner Kastntür.

Da drinnen hör ih den Vergleich:
Die Tracht is a Stück Österreich!

Männer mit Mehrwertsteuer

Obwohl im Tauziagn der Geschlechter
die Rollen eh schon viel gerechter
verteilt san als zu früherer Zeit –
oa Tatsach existiert bis heut
und is noch immer ungeklärt:

Die Männer habn an höhern Wert!

Dös is net vielleicht erfunden,
denn hat a Frau a Kind entbunden,
is scho nur dös halbe Grieß
weils n e t t a a Dirndl is!
Und man hört den Kommentar:
Besser, wia wanns gar nix war!

Is aber dös Kind a Bua,
da machens olle a Getua,
der frischgebackne Vater hätt
den Fortbestand der Menschheit grett!!!

E r hat an Nachfolger im Haus!
Und schon malt er sich lebhaft aus
dass der, der heut vor Bauchweh schreit
ihn bald zum Fuaßballplatz begleit,
und eahm am Kirtag, wann er lauft
sei erste Stoppelbüchsn kauft.

Sowas kannst mit an Dirndl nia!
Dös spieln sich mitn Puppengschirr,
plaudern jeds Geheimnis aus
und fürchten sich scho vor a Maus.

Woasal san so Weiberleit.

A strammer Bua, der hat a Schneid
und is er eines Tags a Mann,
schafft er sebstverständlich an.

Dahoam natürlich sowieso,
aber auch in sein Büro
san sie ihm olle untertan.
Selber schuld, wanns Frauen san.

Zu dem sans da. Die müassn springa,
an Chef Kaffee und Schlapfn bringa
und wann a leichte Gripp umgeht
dann derf er krankwern und s i e net.

Denn wann sei Frau sich niederlegt
hätt er ja niemand, der ihn pflegt.

Sie pflegt ihn bis zur letzten Stund,
und wird er danach nimmer gsund
hat sie a net viel davon,
denn von seiner Pension
kriagt sie netta 60 Prozent.

Net mehr. Doch gnuag, dass sie erkennt:

Erst, wann der Mann unter der Erd,
san Frauen mehr wia d'Hälfte wert!

Haushaltungshandycap

Wann mir meine Kids erklärn
dass olle Leut behindert wärn
die koa Handy bei sich tragn,
lass ih mir dös net zwoamal sagn
und leg ma schleunigst a oans zua.
Mei ollergrößte Sorg is nur,
wo ih dös kloane Wunderding
diskret und greifbar unterbring.

Als Hausfrau tuast dih nämlich schwar.
Steck ih's in Körberl vom BH
schaun olle auf mei Oberweitn.
Da drinnen hör ih's zwar guat läutn,
doch wer nimmt die Gespräche an
wann ih grad d'Händ im Toag drinhan
oder womöglich gar koan trag
Ih ghör a net zum altn Schlag
der in der Kittlschürzn rennt.
A Schürzn is erniedrigend
als Handyaufbewahrungsort.

Da wärs scho möglich, dass ich's dort
wann ih durchs Läutn recht dakimm –
zur Schnupfenzeit zum Schneuzn nimm.

A Taschn muass die Lösung sein!
Aber da fallt ma wieder ein
was sich der Briaftraga wohl denkt
wann ih, mei Handtaschl umghängt
im Schlafrock vor der Abwasch steh …

Doch halt! Jetzt hab ih a Idee!
Ih suach ma in der Tageszeitung
an tollen Hausfreund zwecks Begleitung
der mir mei Handy nachötragt.

Leider hab ih's falsch anpackt,
denn heut steht statt an Kavalier
a kloana Dackerl vor der Tür!

Leben nach Geschmack

Jeder lebt nach sein Gusta.
Liebt es würzig oder fad
brennt fürn Luxus wia a Lusta
oder genießt ganz stad.

Jeder hat seine Rezepte.
Süaß oder hantig, je nach Gschmack.
Braucht zum Trama große Koffer
oder grad an Hosnsack.

Jeder hat sei Weltanschauung,
wo er erst sein Friedn findt,
wann er des alte Sprichwort wahrnimmt:
Lass die Menschen wie sie sind!

Waschprogramm für Mitmenschen

Hab ih an schwarzn Tag im Lebn
weil mih nur Mitmenschen umgebn
wo ih ma denk, dass besser war
wann ih's durch den Fleischwolf drah –
steck ih's, wann ih zwida bin
im Geist in unser Waschmaschin.

Mei Chef, der mih im Zorn anbrüllt
wird mit 30 Grad weichgespült,
Nachbarn, die sonntags Rasen mahn
werdn geschleudert, bis voll Falten san,
da Postler, der die Kartn lest
wird entkalkt beim Härtetest
und die Herrn Politika
wanns nix wissn wia blabla
steck ih eineinhalb Stundn lang
zum Auskochn in Hauptwaschgang!

Für jeden gibts so a Programm.
Drum toats wia ih, machts koan Tamtam
sondern kaufts euch dös Gerät
wo's euch glei viel besser geht!
Ihr werds strahlen wie noch nie
mit porentiefer Garantie!

Kein Platz für Tiere

Gebn auch fürn Welttierschutzverband
die Anhänger in Stadt und Land
jeds Jahr a kloans Vermögen her –
von mir kriagn die koan Groschen mehr!
Die Tierschützer san für mih gstorbn.

Mei Perserkater frisst mih arm,
die Vögel holn ma an Salat
und in mein Haus, am Dachbodn hat
a Siebenschläferehepaar
sei Liebesnest, wo ih oft moa
wann dö eah Techtelmechtel habn,
jetzt krachts und d'ganze Haus fallt zamm.

Abgsehn von ungebet'ne Gäst,
gibt mir mei Papagei an Rest.
Sagt net dös undankbare Tier
beim Kofferpackn glatt zu mir
statt an artigen: Pfüat dih Gott!
oafach: Schleich dih, Idiot!

Da kann ih nimma Tierfreund sei
und gründ ab heut a Gegnpartei
die mih mit Spenden unterstützt
und vor solche Viecha schützt!

Patriot in rotweißrot

Seit's in Europa ausgmacht habn,
sie haun sich auf a Packl zamm –
is mei alpenländischs Gmüat
a weng beleidigt und frustriert,
denn womit weis ih noch drauf hin,
dass ih a Österreicher bin.

Will man sich auch als Österreicher,
net vor den andern außastreicha,
ma woaß beiläufig um sein Wert.

Drum kränkts mih, dass sich neamd mehr schert
wann ih stolz mitn Reisepass
die rotweißrote Grenz verlass
und zruckkehr hoam ins Vaterland.
Koana nimmt ihn mehr in d'Hand
und macht an Blick aufs Bildl drin
wo ih so guat troffn bin!

Grad ih hab mir dös net verdient,
die d'Bundeshymne vorn bis hint
obasinga kann im Schlaf!
Aber dö ollergrößte Straf
is, dass in Zukunft koane Blauen
vom Briaftaschl mehr außaschau'n.

Gibst im Hotel a Trinkgeld her –
mit 100 Schilling warst noch wer.

Doch was willst mit an Euro reißn,
den a die Türkn und dö Preußn
genau wia ih dann jedn Tag
außaziagn vom Hosnsack!

Koa Mensch woaß mehr mei Herkunftsland.

Sagt: Hab die Ehre! Küss die Hand!
Schwärmt von Tirol und Edelweiß,
kniat nieder und sagt: Very nice
bei Johann Strauss und Lippizaner,
wo bisher d'Ami und d'Japaner,
weil wir doch so bewundert wern –
vor Rührung Rotz und Wasser rehrn!

Schluss wird mit Made in Austria!
Doch statt zu sagn: Lecks mih am „A"
hoaßts kämpfn für das Vaterland.
Hupfts eini in a Dirndlgwand,
hängts euch an Apflstrudl um
und tauschts an Jodler gegn Tschinbum –
dann leucht der ganzen Menschheit ein:

Dös muass a Österreicher sein!

Eurotische Gefühle

Wann ih an an Einkaufstag
mei Briaftaschl spazierentrag
kriag ih, obwohl ih's gar net will
a ganz eurotisches Gefühl.

Von unserm Schilling is dö Red
der mir halt so nahesteht
und zu dem ih von kloa auf scho
a bsondere Beziehung han.

Von da Tant Resi han ih'n kriagt
wias d'Oansa in mein Zeugnis siagt,
zwoa Kugerl Eis hats gebn dafür
und beim Krama hab ih mir
zehn Stollwerk um an Schilling gholt.

Und bei soviel Erinnerung sollt
neamd um an Alpendollar woana!

Was soll den künftig unseroana
zu sein treuen Einkaufswagn
beim Billa und beim Hofer sagn?
Vielleicht: Bittschön, mach dih frei,
derfs als Pfand a Euro sei?

Liabe Landsleut, dös wird hart,
wann s'ganze Geld, dös was ma gspart
mit an Schaufelbagger z'Wean
auf an großen Haufn schern
und unsre Tausender verbrennen!

Da werdn die Millionäre flennen
wanns dös kloane Häuferl segn
dös überbleibt von ihrn Vermögn.

Mih kratzt dös net, ih gab ja koans.
Ih sag euch im Vertrauen nur oans:
Den letzten Schilling b'halt ih mir.

Den brauch ih für die Häusltür
die z'alt is, dass an Euro schluckt.
Dass sie, wanns mih eurotisch druckt
fürs große Bauchweh offensteht
wann der Tausch in d'Hosen geht!

Der schwarzblaue Modefrühling

Wann ma im Parlament sondiert,
welche Farb das Land regiert,
kriagt a mei Garderob ollwei
die Farb der künftigen Partei
in mein Kleiderkastn drin.
Damit ih bei da Mode bin.

Was rot is, häng ih jetzt nach hint;
dös hat nämlich ausgedient.
Es hat 20 Jahr gleucht und blitzt
und wirkt a wengerl abgenützt
weil in unserm Vater Staat
jeder nur mehr rot gsegn hat.

Dös „Kleine Schwarze" kimmt nach vorn.
Es is zwar noch viel kleana worn
aber dass in Österreich
wieder ausschaut, als wärs neich,
is, dass halbwegs tragbar wird
jetzt mit Blitzblau kombiniert.

Jetzt wird Schwarz mit Blau anzogn.
Mit Rot und Grea hat sö sö gschlagn,
drum bleibt uns gar koa andre Wahl.
Dafür sagn's jetzt überall
dass so a schreiada Kontrast
zum soliden Schwarz net passt
und dass man sich mit dem Blau
nirgends segn lassn kann.

Sogar in Amerika
hoaßts: Schwarz mit Blau wär untragbar!
Genau wia im EU-Verband,
wo mia mit unserm neichn Gwand,
wann ma's net ausziagn, nix mehr reißn.

Wo sich die Frag stellt, wo die Preußn
auf Urlaub hinfahrn zum Erholn,
wanns nimma zu uns kemma wolln.

Nur d'Bayern haltn Gott sei Dank
uns Nachbarn nach wie vor die Stang
im Gegnsatz zum Rest der Welt.

Und gang's net um den Haufn Geld
den mia scho nach Brüssel zahlt –
mia sagatn eahna ganz kalt:
Schickts uns unsre Souvenir
und kehrts vor eurer eignen Tür!

Big Mäc für Kinder und Rinder

Die Hintermooserbäuerin
stellt ihrn Sprössling s'Essn hin,
der aber gar koan Hunger hat
seit er in d'Schul geht in der Stadt.

Er lasst sich jetzt die ganze Wochn
sei Leibspeis vom McDonalds kochn.
Dö schmeckt eahm um Häuser besser!

Denn für die Pommes brauchst koa Messer
und für die Chickens und Big Mäc
nimmst d'Finger stattn Essbesteck.

Bua, sagt d'Muatta, wannst dös isst,
woaß ih, dass'd a Rindviech bist
weil a dei Vater scho für d'Küah
s'Fuatta einpackt ins Papier!

Rendezvous zum Friendstarif

Wenn ih vergleich mit frühere Jahr,
wia s'Anbandln dort müahsam war,
hat heut jede junge Pippn
sofort an Anschluss bei sein Typn.

Links a Handy, rechts a Tschick –
Friendstarif, und scho machts klick.

Sie hebt ab und flüstert high,
null Problemo, live dabei!

Er sagt cool drauf und okay,
logo, dass ih auf dih steh.
Treffpunkt Nightlife, 3 mal hupn
in dem wahnsinnsgeilen Schuppn
gebn ma uns den vollen Power,
hau dih in d'Wäsch, sunst bin ih sauer!

Dös is der Spruch, der heut so rennt
und kimmts doch net zum Happy End,
is wahrscheinlich bei dö zwoa
s'Benzin oder der Akku goar.

Technosound mit Hausverstand

Weil ih so gern a Musi mag
und eh den liabn, langen Tag
bis über d'Ohrn in Arbeit steck –
geh ih auf d'Nacht in d'Discothek.

Dass da drin net unbedingt
da Hansi Hinterseer singt
is natürlich eh ganz klar.
Wia ih aber zum Parkplatz fahr,
glaub ih, ih bin, weils drin so töst
in an Maschinenraum der Voest.

Sowas nennt man Techno pur.
Da denkst dir d'Musi selbn dazua,
aber für Leut mit Musighör
wia ih, is sowas a Malheur.

Ih erkenn beim Techno Sound
an Dieselmotor aufn Stand
bei dem da Keilream locker wird.
Wer solche Werke komponiert
muass amal Lehrling gwesn sei
in a Autospenglerei.

Jeder Hit ein Meisterwerk,
wo ih beim ersten Takt scho merk
iatzt haut oana die Kühlerhaubn
mit an großen Hammer zamm.

Wer da Angst hat, der wird taub
macht sich am besten aus dem Staub
weil er's sowieso net checkt.
Ih habs erkannt, was drinnensteckt,
drum kunnt von mir dös Sprichwort stamma:
Techno ist der totale Hammer!

Mit dir mecht ih a Tanzal drahn

Mit dir mecht ih a Tanzal drahn,
dös stell ih ma so für,
dass ih da außa Atem kam
und Herz und Bodn verlier.
Da kunnt ih ohne Musi nu
wia auf an Wolkerl schwebn,
mir wärs oading, was andre sagn –
ih kunnts fürs ganze Lebn.

Mit dir, da tat ih Flügl kriagn
und obhebn, butterlind.
Und gabs dih net, ih suachat dih
solang, bis ih dih find.
Bei dir herbei is ois so neu
und doch so wia dahoam,
da woaß ih, dass ih schwach werdn kunnt
in deine starkn Arm.

Ja, wann mia zwoa am Tanzbodn san
bis morgn in da Fruah,
da kunntst ma glatt an Kopf verdrahn
du hättst dös Zeug dazua.
Mit dir alloa, da kunnt ih's toa,
ih sag dirs ehrlich wahr,
solang bis ma koa Luft mehr kriagn
durch oill dö schensten Jahr.

Zwiegespräch von Sonne und Mond am 11. August 1999

Grüß dich, Frau Sonne! sagt Herr Mond.
Es is zwar ziemlich ungewohnt
dass ih dih nach an Arbeitstag
aufm Weg ins Bett noch frag;

aber hättest du net Lust,
am 11. Tag, jetzt im August
im Himmelszelt mit mir zu schlafen?

Seit uns der liebe Gott erschaffen
rennan ma oill zwoa im Kroas.
Heuer machst mih so richtig hoaß
und dös sag ih net nur zum Schein ...

Sie blitzt ihn an: Was fallt dir ein!
Mir scheint, du bist heut wieder voll!

Es reizt mih zwar, aber wia soll
ih dös mein Chef, an Petrus sagn,
der mih an solchen Sommertagen
schwitzn lasst mit Überstunden!

Geh, sagt der Mond. Vergiss sie drunten!
Sag dem Petrus: Ih und du
habn a wichtigs Rendezvous
und dass neamd siagt, wia ih da tua
deck ih dih ganz oafach zua.

Erinnerst dih denn net, wias woar
vor 157 Jahr?

Oh, lacht sie hell. Wia mia dös gfallt!
Hoffentlich bist net grad alt ...

Und so, wia sie sich ausgemacht,
wird für a Weil der Tag zur Nacht
und auf der Welt is ma erschreckt
weil der Mond die Sonn zuadeckt.

So gibt a Element uns Zeugnis,
dass auch a seltenes Ereignis
wia die Sonnenfinsternis
tröstlich für uns Menschen is:

Denn wann wir manchmal auf der Welt
traurig san, weil d'Sonn uns fehlt –
a finstere Stund im Nu verfliagt,
wann sich dahinter d'Liab verbirgt!

Himmelblaues Kompliment

Ih brauch koa Küste auf Madeira,
koa französische Riviera,
koane Niagarafälle,
koan Meerbusen, koane Kanäle,
koan Badeplatz auf Helgoland,
koa Adria, koan Südseestrand,
koa Rotes und koa Schwarzes Meer,
koan Fjord drobn bei dö Norweger,
koan Stausee und koa Tröpferlbad –
ih bin dahoam, wo man ois hat
zum segeln, tauchen und zum schwimma
und drum brauch ih nie und nimmer
was anders als mein Attersee!
Der is für mih seit eh und je,
sollts ös net wissn, sag ih euch's:
Die schönste Badwann Österreichs!

FESTE
IM
FEIERTAKT

Zum Furtgeh

Sag beim Furtgeh oafach pfüat dih,
sag net tschüss und net baba,
wann ih dös Gfühl hab, Gott behüat dih
fallts ma nur mehr halb so schwar.

Tag, die ma net zruckholn kinnan
wird der Wind der Zeit vertreibn,
wanns a in der Hand zerrinnan,
die Erinnerungen bleibn.

Abschied nehma is koa Schrankn
er is grad a Tür für mih,
die sich jedsmal beim Gedankn
auftuat, wann ih denk an dih.

Nimm dir wieder Zeit zum Leben

Nimm dir wieder Zeit zum Leben,
gib net auf und drah net durch!
Dös Maß, dös dir heut vorgegeben
steckt oft in viel zu große Schuach.

Nimm dir wieder Zeit zum Denka,
weil Bedacht braucht, was'd genießt.
Wieviel du kriagst und kannst verschenka
und wia einmalig du bist.

Nimm dir wieder Zeit zum Spüren,
was dir was gibt in deiner Näh.
Es wird dih ausheb'n und berühr'n
und es wird dir s'Herz aufgeh.

Für Lebenskünstler

Denk net ollwei, was da obgeht,
gfrei dih über dös, was'd hast
und nimms von da leichtn Seitn
weil sich's Glück net zwinga lasst.

Denk net ollwei auf dö andern,
denk da liaba, ih bin ih
und scho bald wirds da oading sei,
was sie denkn über dih.

Denk net olleweil, was morgn is,
heut is heut und morgn is weit!
Wer so denkt, der lebt viel länger
und hat jedn Tag a Freud.

Muttertag

Es gibt im Wonnemonat Mai
an Tag, wo ih mih jedsmal gfrei,
dass ih nach des Schöpfers Sinn
a Frau und net a Mann wordn bin.

Dös is der Tag, wo ih nix tua.
Denn bin ih sunst in oller Fruah
als erste aus den Federn gstiegn –
wird mir befohln: Du bleibst heut liegn!

Und der Befehl is folgenschwer.
Weil nach fünf Minuten hör
ih schon Geräusche am Plafond
wia bei da Sperrmüllaktion.

So laut scheppert heut s'Kuchlgeschirr
und durch die halboffene Tür
dringen Düfte aus der Küch
von der übergangnen Milch.

Wer diese Morgenstund genießt
wannst ans Bett gefesselt bist
verdient a Tapferkeitsmedailln.

Aber ih sollt es nicht bereun
weil sich der Frühstückstisch grad biagt
mit Geschenke die man kriagt.

Kukuksnelken, Sachertortn,
a selbergmachte Glückwunschkartn
und a Gutschein vom Friseur!

Mutterherz, was willst du mehr!

Und olle san so liab zu mir
als wär ih selbst aus Seidnpapier.

In so a Stund denkt koana dran
wia guat ih Nägel einschlagn kann
und Dübel durch die Wände bohrn!

Als wär ih grad entmündigt wordn
führns mih im Auto umanand
und weisen mih im neichn Gwand
ins Dorfwirtshaus zum Grünen Kranz,
wo's mih stopfn wia a Gans!

Von 12 Uhr Mittag bis um drei.
Dann gehts in die Konditorei
und weil an so an süaßn Tag
a Muatta auch was Sauers mag
und Hunger habn kunnt und an Durst,
kaufns ma nu a Essigwurst
in der Jausnstation.

Ois draht sich um mei Person
und dös is ma direkt zwida.
Dann führns mih hoam und legn mih nieda
und mit an Gutenachtbussi
und im Mund a Mon Cherie
is da Muttertag vorbei.
Öfter soll er gar net sei –
weil ma als Muatta für die Rolln
eh a Jahr braucht zum Erholn!

Sa-Tierischer Muttertag

Macht uns der Mai mit seinen Wonnen
am Muttertag zu Hauptpersonen –
bewirkt dös auch bei meinem Alten
a wahrhaft sonderbars Verhaltn.

Beim Frühstück sagt bereits mei Spatz,
was normal ih sag: Nimm doch Platz!

Rennt ma mit Blumenstrauß und Packerl
nach wia unser treuer Dackerl,
steckt ma a Tortenstück in Mund
wia er's gwöhnt is bei sein Hund
und geht, ih kunnt mih ja verirrn –
einghängt mit mir in Park spaziern.

Und weil ih stundnlang nix hör
als Zuckerschneck und Pussybär
und dass ih sei Mausi bih –
braucht sich neamd wundern, dass ih mih
ernsthaft mit dem Gedanken trag,
statt Mutter- wär – Welttierschutztag!

A Freund für jede Jahreszeit

A Freund is wia a Frühlingstag,
den koa Wolkerl trübt,
wann ihm die warme Wintersunn
dös erste Bussl gibt.

A Freund is wia a Summatag
in dessen bunte Schuach
die Glocknblumen läutn
und d'Schmetterling auf Bsuach.

A Freund is wia da Maler Herbst
der überreich beschenkt
und wo ma erst beim Abschied merkt
wia sehr ma an ihm hängt.

A Freund is wia a Wintertag
damit ma erst versteht,
ma hat an Menschen, wo ma spürt
wia warm dass daunageht.

A Freund für jede Jahreszeit
is, was alloanig zählt
und im Lebn mehr bedeut
als a Sack voll Geld.

Erinnerungen beim Klassentreffen

Menschenskind, dös warn noch Zeiten!
Wo wir zwoa noch jung und sche'
warum muass uns ois entgleiten
und die Zeit so schnell vergeh?

Minirockerl, deutsche Schlager
stockverliabt bis über d'Ohrn,
d'Eltern nennen uns Versager!
Trotzdem is aus uns was worn.

Habn uns in der Schul beim Schwindeln
vorgschwärmt von an Königssohn –
glandet san ma bei dö Windeln
und an Mann mit Durchschnittslohn …

Wurzeln schlagn, Familie gründen,
kochen, waschen, fleißig sparn,
bis ois passt hat vorn und hinten
samma langsam älter worn.

Doch was zählt a kloane Faltn
und dös erste graue Haar!
Nix im Lebn kann ma behaltn,
nix bleibt, so wias früher war!

Heute treff ma uns nach langem
und bei olln, was ma so triebn,
is nur die Zeit zu schnell vergangen.
M i a san doch die Altn bliebn!

Abschied von der Schulzeit

Zeugnis, Schulschluss, Sonnenschein,
der Tag, auf den sich alle freun
ist für unsre Klasse heut
der Abschied von der Pflichtschulzeit.

Für uns beginnt ein neues Leben
und habt's uns auch viel mitgegeben
für den Start in d'weite Welt –
es ist die Freundschaft, die uns fehlt
und die bei uns so großgschriebn war.

Wir warn geborgen, nia alloa,
jeder war für den andern da –
ih glaub, dös geht uns olle ab!

Wenn auch die Zeit in oll dö Jahr
nicht immer honiglecken war
und wir uns manchesmal gesehnt
dass die Schule niederbrennt –
ein Sprichwort muass man sich guat merka:
Was dich net umbringt, macht dich stärka!

Wir habn die Formeln vom GZ
eingschlossn ins Nachtgebet,
das physikalische Gesetz
war als andre als a Hetz
und wär der Deutschlehrer net gwesn
könnt ma bestimmt net schreibn und net lesn!

Jetzt wird das Leben richtig leer
ohne unsre Mitschüler
und ollen, die sich drum bemüaht
dass aus uns was Gscheites wird.

Für uns gibts jetzt koa Pflichtschul mehr.
Der Gedanke fällt uns schwer
neue Freunde zu gewinnen,
sich selber s'täglich Brot verdienen
und seinen Mann im Lebn zu stellen.
Ich glaub, ihr werdet uns sehr fehlen!

Bevor wir auseinandergehn
sagen wir herzlich dankeschön
für alles, was wir in den Jahren
entgegennahmen und erfahren
und werfen einen letzten Blick
auf diese schöne Zeit zurück!

Für alle Geburtstagskinder

A Stückerl Leben, a Handvoll Zeit,
unter dem Motto feiert heut
mit uns ein Geburtstagskind
dös a neichs Jahrzehnt beginnt.

Und hab ih schon für manchen „Runden"
oft die rechten Worte gfundn,
beim heutigen Geburtstagskind
tua ih mih schwer, dass ih sie find
und renn scho tagelang im Kroas
weil ih von ihm so wenig woaß!

Ih kenn weder sein Leibgericht,
noch Bluatgruppn und Lebendgwicht,
ih kenn sein Lieblingssänger net,
was für ihn in den Sternen steht,
ih woaß net, mag er Süßigkeiten,
kenn Schuachgröß net und Kragenweiten,
ih habs nur zuafällig erfahrn,
er ist runde … wordn.

Dass aber so a bsondrer Tag
gfeiert werdn muass, is koa Frag
und ein Geburtstagsgschenk für d i h ,
erschrick jetzt net, das bin heut i h !

Ih wünsch dir für dös neich Jahrzehnt,
alles, was du dir selbst ersehnst!

Das W a n n is nur a Frag der Zeit
denn die …er Geschwindigkeit
is genau wia auf der Straßn.

Ma siagt sein Ziel schon mehr gelassen,
man verwirklicht und genießt
und was net sein will, dös vergisst!

Mögst du auch in den weiteren Jahrn
für dih und andre was bewahrn
was die Welt a bisserl reicher macht.

Jeder, der drüber nachgedacht
was man dir wohl wünschen kunnt
der woaß, dös Größte is der Gsund
das Glück und die Zufriedenheit.

Und dass im Wettlauf mit der Zeit
dir Jahre gschenkt san noch und noch!

Der Jubilar, er lebe hoch!

Was ih dir wünsch

Ih hab a Gschenk zu dein' Geburtstag,
was drinnen is, erratst du nie,
weil ih's in an Gedicht verpackt hab
was ih mir ois wünsch für dih:

Ih wünsch dir an Terminkalender,
der dir die Zeit zum Lebn net stiehlt
und im Radio an Sender
der nur dei Lieblingsmusi spielt.

Ih wünsch dir traumhaft schöne Nächte
wo dih der Mond am Bett bewacht
und beim Tag a Meer von Wolkerl
dös da d'Sunn an Platz freimacht.

Ih wünsch dir Blumen auf der Wiesn
wo jede oanzeln für dih blüaht
und am Regnbogn an Parkplatz,
wann der Himmel d'Erd berührt.

Ih wünsch dir für die schönsten Stunden
im Herz a große Flügeltür
und für die traurigen an Spiagl
der dih anlacht in da Früah.

Ih wünsch dir tausend Glücksmomente
wo'st spürn kannst, wias da s'Herz aushebt
und dankbar zruckschaun kannst am Ende,
du hast net umsonst gelebt.

Ih wünsch dir s'Beste nur vom Besten
und dös Schenste nur vom Schen'
und dass olle ehrlich moanan
die dir wirklich nahestehn.

Dös wünsch ih dir für heut und immer
und dass jedes deiner Jahr
auf dem Weg der Erdenreise
nur dös allerschönste war!

Für eine Oma zum runden Geburtstag

Was ih dir wünsch,
was ih dir schenk
is im Verhältnis sehr viel zweng
gegn dös, was wir in oill den Jahrn
an Rat und Tat von dir erfahrn.

Zu deinem Altersjubiläum
gebührat dir heut a TeDeum
oder mit Pauken und Trompeten:
Wenn wir nicht die Omi hätten!

Du wascht und bügelst, kochst Kaffee,
so, als tät dir nia was weh
und was d'für d'Kinder tuast, tuast gern
als obs deine eignen wärn.

Bist rundherum nu guat beinand,
sauber in an jedn Gwand,
fesch frisiert und net viel Faltn –
neamd wird dih für ... haltn!

Bist genügsam und bescheidn,
wia du's kennst aus hartn Zeitn,
denn dih hat s'Lebn nia verwöhnt.
Drum sei'n dir jetzt noch Jahr gegönnt
in Gsundheit und voll Gottessegn.
Und denk daran:
Dass ma dih mögn!

Zum Fünfziger

Fünfzig Jahr! A halbs Jahrhundert!

Wer dih siagt, fragt sich verwundert
was a Mensch wia du wohl treibt
dass bei ihm dö Zeit stehn bleibt.

Andre in der Lebensmittn
beißen nur mehr mit den Dritten,
klagn über Gedächtnislücken,
humpeln mühsam mit den Krücken,
tragn dicke Brilln und hörn nix mehr
und du schaust aus, als ob nix wär!

Wannst glaubst, ih hätt jetzt übertriebn
und an Hundertjährign bschriebn –
is dös bereits mei Wunsch für dih:

Dass'd erst in 50 Jahr bist wia sie!

Einladung zum Fünfziger und aufwärts

Fünfzig. Jetzt, da ich's begreife,
lässt es mich schon völlig kalt:
Junger Wein hat keine Reife
und nur neues Zeug wird alt!

Ist's auch um die Jugend schade,
fällt mir ein Museum ein:
Glänzender als die Fassade
kann der Schatz im Innern sein!

Trotzdem hängt bei Wiegenfesten
stets ein Wermuthstropfen dran,
drum komm und zähl zu meinen Gästen
damit ich mich drauf freuen kann!

Zum Sechziger und aufwärts

Was san scho 60 Jahre,
wann ma zruckschaut heut!
San grad a Handvoll Lebn
san grad a Stückerl Zeit.
Das Lebn is dö Straßn
auf der ois lauft und rollt
und wo du mit an 60er
schon viele überholt.

Und sagn dir die Jungen:
Du bist nimma ganz neu!
Dann mach dih drüber lustig
und denk dir nix dabei.
Es san ja net die Jahre
die man im Lebn zählt –
der Mensch is mit an 60er
nur länger auf der Welt!

*Von einer ähnlichen Idee inspiriert, kam mir dieses
lustige Spiel bei einem „faden" Geburts-
tagsfest in den Sinn.*

Geburtstagsgeschenk auf Umwegen

*Ein Gesellschaftsspiel, bei dem der Gratulant in einer
größeren Runde sein Geschenk auf Reisen schickt,
bevor es wieder in die Hände des Geburtstagskindes
gelangt. Er trägt es vor und wartet, mit dem
Weiterlesen, bis die Übergabe an die jeweilige
Person stattgefunden hat.*

Heute feierst du Geburtstag
und kriagst ein Geschenk von mir.
Es schaut aus wie andre Packerl
und hat rundherum Papier.

Tät ich's dir jetzt überreichen,
machst es auf und schaust glei ei'
würd es allen Packerln gleichen
und die Spannung wär vorbei.

Nein, genau für dieses Packerl
hab ich mir was ausgedacht:

Ich geb es den Gratulanten
dass es seine Runde macht!

Keine Sorg, du kriagst es wieder
wenn die Überraschung glückt.
Paß gut auf und setz dich nieder,
jetzt wirds auf die Reise gschickt!

Und so geb ich's mit der Bitte
dass er's annimmt und beschützt
an den Herrn, der heute Abend
am nächsten deiner Rechten sitzt.

ÜBERGABE. SPRICHT WEITER.

Das war nur die Zwischenlandung,
denn das G'schenk bleibt eingepackt
und der Herr bringts jener Dame
die den knappsten Mini tragt!

ÜBERGABE. SPRICHT WEITER.

War der Weg zu dieser Dame
sicherlich a Reise wert,
sie sucht jenen von den Männern
mit dem ältesten Gefährt.

ÜBERGABE. SPRICHT WEITER.

Nein, auch er darf's nicht behalten!
Doch der Abschied tut nicht weh
weil er's abgibt an die Dame
mit dem tiefsten Dekolleté

ÜBERGABE. SPRICHT WEITER.

So was nennt man Busenwunder!
Aber s'Packerl bleibt noch zua.
Du sollst jenen Mann auswähln
mit dö schönstn, putztn Schuah!

ÜBERGABE. SPRICHT WEITER.

Diese Wahl ist einfach glänzend!
konkurrenzlos keinesfalls
denn der Herr sucht jetzt die Dame
mit dem schönsten Schmuck am Hals!

ÜBERGABE. SPRICHT WEITER.

Aber auch mit Kronjuwelen
bleibt ihr heute nichts erspart.
Darf ihr Packerl weiterschleppen
zu dem Mann mitn längsten Bart!

ÜBERGABE. SPRICHT WEITER.

Nicht einmal beim Vollbartträger
findet die Enthüllung statt!
Er wird ausgschickt zu an Haserl
dös die schärfsten Wadln hat!

ÜBERGABE. SPRICHT WEITER.

Gratuliere, er hat's gfundn!
Doch dös Packerl hat koa Eil,
suacht Empfänger in der Runden
mit an knackign Hinterteil!

ÜBERGABE. SPRICHT WEITER.

Ist die Wahl auch gut getroffen,
er gibts an die Dame her,
der man schon von weitem ansieht
sie war heute beim Friseur!

ÜBERGABE. SPRICHT WEITER.

Man könnt sie noch lang bewundern,
weil jedoch die Zeit verstreicht
suacht sie oan, bei dem die Glatzn
heller als bei den andern leucht!

ÜBERGABE. SPRICHT WEITER.

Jawohl, auch er war leicht gefunden,
der dös Packerl guat beschützt
und weiterreicht an einen Menschen
der ein großes Herz besitzt.

ÜBERGABE. SPRICHT WEITER.

Zeig auch du dein Herz beim Schenken!
Gib es jemand, sei so nett
der unserm Geburtstagskinde
ganz besonders nahe steht.

ÜBERGABE. SPRICHT WEITER.

Dieser Mensch in unsrer Runde
der wie wir das Feiern liebt
ist's, der in der frohen Stunde
das Geschenk nun übergibt.

ÜBERGABE. SPRICHT WEITER.

Allen, die daran beteiligt
und begeistert mitgemacht
danke ich für's transportieren
und den Spaß bei dieser Fracht.

Jetzt bekommt es der Empfänger
höchstpersönlich zugestellt
und wir wünschen ihm von Herzen
alles Gute auf der Welt!

Für Verliebte

Du hast in mein Herzn a Feuer anzünd,
beim erstn Mal Augn einischaun,
an Funkn hats gebn und dö Liab hat so brennt
dass ih's nimma auslöschn kann.

Ih kanns nimma löschn, es wird nimma goar,
oading, ob ih schlaf oder wach
a Liab, dö so Feuer fangt wia bei uns zwoa
leucht s'Häuserl aus bis unters Dach.

Ih brauch dih zum Lebn und mei Herz is dahoam,
drum bleib und geh nimmamehr furt.
und bist amal nimma und haltst mih im Arm
brennt ollweil nu hoamlich dö Gluat.

Für den schönsten Tag

Wollt die Liebe ich umschreiben
die aus euren Herzen spricht,
mein Gefühl sagt, lass es bleiben
tausend Worte reichten nicht.

Würd ich über Saiten streichen
zart und voller Harmonie,
für ein Lied würd es wohl reichen
für die Liebe reicht es nie.

Näm ich eine lange Leiter
lehnte sie an einen Stern,
wär auch sie nur Wegbereiter,
blieb dem siebten Himmel fern.

Ich gab nicht auf, ich wollt sie finden,
ging zur Sonne und zum Mond,
doch wars unmöglich zu ergründen
wo die wahre Liebe wohnt.

Heut ist der Tag, wo ich's gefunden
als ich euch sah – da wusste ich:
Sie ist der Ring, dem ihr verbunden
und der euch sagt: ICH LIEBE DICH!

Gedicht für zwei

Geh mit mir an allen Tagen
durch des Lebens Freud und Leid.
Herzen, die im Gleichklang schlagen
siegen über Raum und Zeit.

Geh mit mir, auch wenn es Nacht ist,
wenn der Sommer längst vorbei.
Liebe, die die Seele wachküsst
macht den Herbst zum jungen Mai.

Wenn sich dieser Tag auch heute
von der schönsten Seite zeigt,
meine Liebe wird dich tragen
bis sich einst der Abend neigt.

Zum freudigen Ereignis

Tiaf unter mein Herzn erwachst du zum Lebn,
bei olln, was ih tua, was ih gspür,
in Freuden und Sorgn von dem Wunder umgebn,
bin ih in Gedankn bei dir.

Was is dir beschiedn, was steht dir bevor?
Was schreibt wohl das Glück in die Stern?
Noch schlafst du voll Friedn und bist net alloa,
da is wer, und der hat dih gern.

Die winzigkloan Handerl, dei Grüabal im Kinn,
die Lockerl, wo hast a's nur her?
Da Himmel verschenkt dih, wia glücklich ih bin,
und d'Welt hat um oa Wunder mehr.

Zur Goldenen Hochzeit

An Sportler, der ois überholt
behängt man mit Medailln aus Gold,
Politikern, die was erreichen
verleiht man goldne Ehrenzeichen,
Leut, die andren s'Leben retten
kriagn a Tapferkeitsplakettn
und ein Paar im Festtagsgwand
vergoldet heut sein Ehestand.

Dös Fest is, wann ma so vergleicht,
für viele Paare unerreicht.

Net, weil der liebe Gott sie trennt –
na, weil man auseinanderrennt
und sagt: A Ehe, die is arg,
die ziagt sich wia a Strudltoag!

Wer euch zwoa siagt, dem kimmt für,
50 Jahr verheirat' wär net schia –
denn ihr schauts heut als Hochzeitspaar
noch fast so aus wia vor 50 Jahr!

Oa Unterschied ist halt, a kloana:
Die Braut, die stiehlt heut leider koana,
Ratschn gibts koa mehr, die wissn,
sie hätt eh der Storch schon bissn
und s'Tanzn feigelt scho a weng
mit morsche Knia und Hüftgelenk.

Dafür hängt a an Bräutigam
s'Bett neamd mehr am Öpfibam,
und die Nachtkastln san meist
mit Salbn voll und Melissengeist.

Doch wer redet in goldnen Zeiten
schon von Nebensächlichkeiten!

Dös Wichtigste in dieser Stund
is der Humor und euer Gsund
der euch dieses seltene Fest
in Dankbarkeit erleben lässt.

Wir olle kinnan heut aus eahna
goldnen Hochzeit vieles lerna:
Freud und Leid mitnander teiln –
den andern achten, ois verzeihn –
is heutzutags nämlich schon rar.

E u c h was zu schenken, dös is schwar
und drum is unser Wunsch für heut
noch viele Jahr Gemeinsamkeit
voll Glück und Freuden noch und noch.
Das Jubelpaar, es lebe hoch!

Zur Jubelhochzeit

Viele Jahre Hand in Hand
strahlen wie ein Diamant,
wie ein Leuchtturm druch Raum und Zeit
gibt die Liebe euch das Geleit.
Sie ist Endstation, sie ist Anbeginn,
nur wo sie wohnt, hat Leben Sinn.

Sechzig Jahr zusammenstehn,
bis ans End der Welt zu gehen,
im Vertraun, was kommt und was war,
stets zu wissen, ich bin für dich da,
jeden Augenblick, jeden Stundenschlag,
es ist die Liebe nur, die dies vermag.

Heute steht ihr vorm Altar,
denk zurück an manches Jahr
voller Sorgen, Arbeit und Mühn,
an die Stunden voll Melodien,
euer Herz sagt ja, einst wie jetzt und hier,
was auch geschehen mag, ich bin bei dir.

Zum Abschiednehma

Lass mih beim Abschied pfüat dih sagn,
lass mih dei Hand in meiner spürn
sie wird nu dann a Bruckn schlagn
wann unsre Wege sich verliern.

Lass mih an Herzschlag lang empfindn
was dei Freundschaft mir bedeut,
nur wer die Wehmut kann verwindn
besiegt den Wettlauf mit der Zeit.

Selbst wann die Soatn san verklungen
und die Türn scho offnstehn,
was bleibt, san die Erinnerungen
und die Freud aufs Wiedersehn.

Zur Priesterweihe

Heut is koa Tag wia jeder andre,
heut tragt die Welt ihr Sonntagsgwand,
und wia a Fingerzeig zum Himmel
schaut da Kirchturm übers Land.

Er macht uns stolz in der Gewissheit,
einer wird aus unsren Reihn,
den wahren Glauben neu bestärken
und fortan Christi Jünger sein.

Ein heilges Band führt uns zusammen.
Ein Band, das wieder hoffen lehrt,
durch Gottes Wort keimt neuer Samen
zwischen dem Himmel und der Erd.

FÜR DIE (H)EILIGE ZEIT UND ZUM NEUEN JAHR

Ein Jahr geht still und leise

Wie die Tücher an der Bahn im Fahrtwind wehn,
geht das Jahr ganz still und leise,
wie sich Flügeltüren schließen,
wie ein zugeschlagnes Buch
zieht es von dannen, bleibt nicht stehn
ohne sich noch umzudrehn,
wissend, die Erde wird nicht aufhörn sich zu drehn.

Jeder Tag im Leben soll der Schönste sein,
nur der Augenblick ist ewig,
alles wendet sich und endet
und verliert sich mit der Zeit,
schau ohne Wehmut froh zurück
auf den Wohlstand und das Glück
das wir erfahrn,
es war fürwahr ein gutes Jahr.

Michlbauer-Weihnacht 2012

Weihnachtskartengrüße

Wie zur Winterszeit der Schnee,
s'Buttersemmerl zum Kaffee,
zur Fröhlichkeit Musik und Tanz
zum Stefanietag die Gans,
zum neuen Jahr die Böllerschüsse –
gehörn auch meine Weihnachtsgrüße!

Vorfreude in stillen Stunden,
draußen fällt der erste Schnee,
Erinnerung an frohe Runden
rückt wiederum in unsre Näh.

Dass eure Wünsche sich erfüllen,
und manche Träume werden wahr,
wünschen wir von ganzem Herzen
zur Weihnacht und zum neuen Jahr!

Die Hirten schlafen

Die Hirten schlafen bei den Herden,
die Vogerl schlafen in dö Bam
und die Kinder auf der Erden
traman, wann doch scho s'Christkind kam.

Die großen Leut aber, die rennan
als tätns morgn nix mehr kriagn,
sie schaun besorgt auf ihrn Kalender
wia gschwind grad iatzt dö Tag verfliagn.

Die offnen Türen der Verheißung
führn sie ins Einkaufsparadies
und der Kaufrausch lassts vergessn
dass d'Weihnacht s'Fest der Liebe is.

Nur Liab verschenken, nix begehrn!
Wann dös gelingat auf der Welt,
kunnt Weihnachtn wieder so werdn
wia bei dö Hirtn auf dem Feld.

Gedicht fürn Nikolaus

Nikolaus, du frommer Mann
kimm auf d'Nacht zu mir,
meine ollergrößten Schuach
stell ih vor die Tür.
In die kloan vom vorign Jahr
hat ja net viel Platz,
war mei schens Gedicht für dih
a nu für die Katz.

Hast a großes Buach dabei,
da steht olles drin.
Wann ih recht viel Fernseh schau
und net gwaschn bin.
Dass ih in da Rechnstund
mit mein Nachbarn red,
aber dass ih gschwindelt han
Nikolaus, woaßt net.

Brave Kinder kriagn Schoklad
Söckl und a Haubn,
schlimme Kinder, dö kriagn nix
wanns net an dih glaubn.
Kimm zu mir auch nächstes Jahr
liaba, frommer Mann,
nur mein Vatern seine Schuach
dö ziag nimma an!

Gedicht fürn Krampal

Steht auf d'Nacht da Nikolaus,
mitn Krampal vor dem Haus,
kriagn dö Buama außa mia
olle woache Knia.

Ih dagegn, ih bin net feig,
weil ih eahm aufs Schwanzl steig
und bei jedem Ruatnschwung
zoag ih eahm dö Zung.

Halt! Was war da für Krawäull?
Er wird wohl net draußn sei.
Vota, sperr die Tür net auf
ih bin eh ganz brav!

Dass ih in da Schul parier
schwör ih heut auf beide Knia,
hab, Herr Krampal, nur oa Bitt:
Nimm mih bloß net mit!

So, dös hätt ih gschafft für heut,
so an Tag, da brauchst a Schneid,
kam er aber übermorgn
tat ih's eahm scho zoagn!

Die Vorweihnachtsdiät

War ursprünglich die stille Zeit
a Phase der Enthaltsamkeit
in der uns Bibelworte lehrn –
wir sollen bei uns selbst einkehrn –
wann der Advent kimmt, is bei mir
ständig Tag der offnen Tür.

Nimm ih mir in oller Fruah
nu vor, heut sperr ih bumfest zua,
weil mir vor dö Keks scho graust
steht scho dös erste Auto draußt.

Mei Versicherungsvertreter.
Er hat im Herbst beim schlechtn Wetter
an Schadn zahlt vom Ziagldach.
Na klar, dass ih a Ausnahm mach!

Ih stell ihm an Marillnlikör
und meine feinstn Kekserl her
und obwohl ih dreimal sag,
dass ih um dö Zeit nu nix mag –
er kimmt grad s'Jahr amal ins Haus.
Wannst da net mitisst, schauts blöd aus.

A Stünderl drauf erscheint bereits
mei Nachbar mitn Christbaumkreuz.
Dös borgt er mir, denn er hat zwoa
und auf dös stoß ma olle Jahr
mit Witwenkuss und Schnapserl an.
Na klar, dass ih net na sagn kann!

Zwoa Stund bleibt er am Sessl bicka!
Ih möcht ihn glatt zum Teufel schicka!
Doch grad, wia ih scho hoamlich fluach
steht vor der Tür der nächste Bsuach.

Ja, da schau her, die Lini-Tant,
bringt Keks, die ihr gelungen sand.
Aufgespritzt auf Hostienpapier.

Ih glaub, ih mach an Tausch mit dir
sagts, weil du's ja so gern isst!
Obwohl's net amal d'Minki frisst.

So gehts dahin in oana Tour.
Jeden Tag nimm ih was zua
und renn vier Wochn lang im Kroas.

Und weil ih's scho vom Vorjahr woaß
morgn passiert dösselbe wieder –
bin ih alle Jahre zwida!

Die Katzenweihnacht

Koa andre wia die Weihnachtszeit
bietet so viel Gelegenheit
wo ih mein Liebling zoagn kann
wia gern dass ih ihn wirklich han.

Der Wortlaut stammt aus an Prospekt,
der mir wärmstens nahelegt,
auch mein Familienmitglied sehnt
sich nach an festlichen Moment.

Ih denk dabei im Schlaf net dran
dass wer andrer gmoant sei kann
als d'Muatta, s'Kind oder da Voda.
Doch falsch! Die Firma moant mein Kater.

Der hats der Werbung zu verdanka
dass er, der bisher leer ausganga
durch a Präsent mit goldner Schnur
dös Gfühl hat, er ghört a dazua!

Drum wird er, dass er sich net kränkt
zum Fest der Liebe reich beschenkt
mit an strassbesetzten Banderl,
an wasserdichten Regenmanterl,
mit ausgelöste Kalbskotelett
und an Klo von Happy Cat.

Weils ihm jedoch trotz größter Müah
net gelingt, durchs Seidnpapier
seine Geschenke außazkriagn
hilf ih eahm am Banderl ziagn.

A feierlicher Augenblick,
wo des Lebens Sinn und Glück
wiedergeborn und greifbar wird.

Hab ih mih früher nu bemüaht
dass ih fürn Hunger in der Welt
an Scheck einzahlt hab mit viel Geld
san heut – umfassend mit oan Satz –
meine Weihnachten für d'Katz!

Das Christklinglfest

Wia habn dö Kinder früher glost
wann sich die Engerl d'Weihnachtspost
vor dö Fenster abgholt habn.

Der Brauch bleibt wohl a schena Traum
denn wia ih's neulich hab erfahrn
is s'Himmelspostamt zuagsperrt worn.

Der Briafwechsel rentiert sich nimma
und dö Neuigkeit muass stimma
weil net amal mehr d'Lauda Air
a Engerl siagt im Gegnverkehr.

Seits im Himmel rauschfrei san
bestelln die Kids per Max und One
und beim A1 der Telekom
ihrn Weihnachtswunsch beim Christkind drobn.

Da Petrus, der hat eh koa Freud
dass ständig in sein Kittl läut
und drum is er iatzt a a bissl
nervös, dass eahm da Himmelsschlüssl
mitn Handy durchananderkimmt
und er s'Bee Free zum Aufsperrn nimmt.
Er mechts am Arbeitsplatz gern stiller.

Die Engerl san da viel mobiler
gegn eahn Altn mit sein Stress.

Sie fangan jedes SMS
und müassns d'Mobilbox abhörn
kraxelns auf die hellsten Stern
und klixn sich in Heilignschein
die Freisprecheinrichtungen ein.

In olle Wolkerl, olle Winkeln
hört mans jodeln, piepsen, klingeln,
wia mans halt a auf der Erd
schon aus jedem Mausloch hört.

Fürs Christkindl is dös abnormal
dass sei Himmelspersonal
jetzt auf oamal im Advent
mitn Handy umananderrennt
und kimmt erst recht mitn Schaun net zamm
was d'Leut heuer für Wünsche habn.
Denn große Packerl san im Tief.

Der Plaudertaschen-Festtarif
mit Wertkarten Gesprächsguthaben
is der Hit unter den Gaben.

Denn Handy hat a jeder oans.
Und bist behindert und hast koans
und traurig, weil neamd mit dir redt –
gibts heuer erstmalig im Set
an Tannenbaum plus Telefon
mit Halleluja Klingelton!

Stallgespräch in der Mettnnacht

Hab ih in der Heilign Nacht
am Schoß vom Großvater oft glacht,
der gsagt hat, dass während der Mettn
die Küah im Stall mitnander redn –
letzts Jahr geh ih der Gschicht am Grund.

Ih schleich in Stall zur Geisterstund
und hör im Heuhaufen, null Uhr
die Stimm von meiner Lieblingskuah
gleichsam einer Kriegserklärung:

Ih pfeif heuer auf die Bescherung!
Mei Bäurin hat sich schwer beklagt
dass d'Milchgewinnung nix mehr tragt
weil die holländischen Küah
dreimal mehr gebn als wia mia!

Sei net dumm, sagt drauf die Bless.
Mach dir doch koan Leistungsstress.
Wann ih an Ö3-Wecker hör
gib ih a an Liter mehr.

Geh, sagt die Scheck. Ja, spinnst denn du!
Glaubst leicht, dei Milli braucht d'EU
wo's heut für brachgelegte Flächen
für d'Bauern Millionen blechn.

Stimmt, moant die Lies, und außerdem
werdn dö Bauern sehr bequem.
Gfrein tuat sie's net, so lauft da Has
drum wickeln sie dös ganze Gras
statt dass a Heu wird für uns Küah –
wia beim McDonalds ins Papier
was ma im Winter zfressn kriagn,
derweil sie auf Mallorca fliagn.

Ih bin betroffn. So a Gsindl
steht einst in Bethlehem beim Kindl!
Doch eh ih mitn Metzger red,
verschick ih noch a Stoßgebet:

St. Leonhard, du Schutzpatron!
Verbiet dein Rindvieh diesen Ton
und lehr sie Unterwürfigkeit.
Sonst wird die ganze Weihnachtszeit –
dann wird eah s'Frechsein scho vergeh –
in mein Kripperl koa Kuah mehr steh!

Jahresrückblick mit Liebe

Wia gschwind doch so a Jahr vergeht.
Grad, wo ih mih drangwöhnt hätt
siag ih, wia im erstn Schnee
die Kalenderblattl z'geh.

Kaum is da junge Frühling da,
löst ihn scho da Summa ob
und is da Herbst nu net vorbei,
kehrt bereits da Winter ei.

Jeder hat sei schöne Zeit,
die mir so durch d'Finger gleit
dass ih am End vom Jahr vergiss
welche die Schönste gwesn is.

Nur oane, die vergiss ih nia.
Die fünfte Jahreszeit mit dir…

Das letzte Kalenderblatt

Wenn das letzte Blatt am Kalender hängt
und das alte Jahr geht zur Neige –
wenn es müd und fahl seine Schritte lenkt
in ein ungewisses Land.
Ja, dann ist es Zeit, dich still zu fragen
nach des Lebens wahren Sinn
und wo führt in all den Tagen
Menschenkind, dein Weg wohl hin.

Sinds des Falters bunte Schwingen
die durchs Blumenmeer dich führn?
Lässt dich zagen, mühn und ringen
vor dem Ziel den Mut verliern?
Wohin wird in neuen Zeiten
wohl der Wind des Schicksals wehn –
wird das Glück dich stets begleiten –
nur der Himmel weiß, wohin wir gehn.

Ausblick aufs neue Jahr

Vom Winterhimmel tanzen Flocken,
ein Jahrtausend klingt bald aus,
drum machen wir uns auf die Socken
mit Glückwünschen von Haus zu Haus.

Gute Zeiten? Schlechte Zeiten?
Die Zukunft klingt noch wie Musik,
doch werft, eh wir den Weg beschreiten
noch einen Blick mit mir zurück.

Einen Blick, um Dank zu sagen
für Freiheit, Wohlstand, Lebensfreud,
eh wir den Schritt nach vorne wagen
der das Morgen trennt vom Heut.

Noch ist Weihnacht, wo die Liebe
der Stern von Bethlehem erhellt,
und mein Wunsch wär, dass es so bliebe
für uns, für Morgen und die Welt.

Millenniumsspektakel

War ih noch oll dö Jahr daher
stolz, dass ih zu denen ghör
die die Jahrtausendwend' erlebn –
tat ih scho jetzt was dafür gebn
war dös Ereignis endlich umma!

Hör ih doch scho seitn Summa
im Fernsehn und auf Ätherwelln,
wieviel Tage uns noch fehln,
ja sogar Stundn und Minutn,
und wir solln uns gfälligst sputn,
dass ma uns im Klaren san,
was ma zu Silvester tan.

A Mahnung, die mir nahegeht.
Ih woaß nämlich a nu net
wohin ih den Tag wirklich fahr.

Bei so an Rutsch von tausend Jahr
kann man doch auf der Sof mitn Mann
net Silvesterstadl schaun
und an Sekt vom Hofer trinka.

Da lasst ma sei Marie scho springa
und fliagt mitn Fliaga furt.

Nach Rio aufn Zuckerhuat
oder man steigt am Himalaja.
Und wann auf solche Gipfel heuer
sogar die Stehplätz ausbucht san,
fahr ih mitn Bus von Neckermann
nach Südtirol zum Zeit vergessen.

Dort gibts a Ötzi-Ripperlessen
und mitn Hermann Maier in Flachau
a Sturzflug-Muskel-Sonderschau
mit anschließender Lila Pause.

So Highlights kannst im eignen Hause
nia habn unter der Tuchent drin!

Und wann um zwölf die Pummerin
die Jahrtausendstund einläut –
bin ih bestens vorbereit.

Hab ih doch extra für die Nacht
an Donauwalzertanzkurs gmacht
beim Wiener Staatsopernballett.

Dass mih net herhaut am Parkett
wann ih ins neich Jahrtausend rutsch!
Geht d'Welt dann unter und is pfutsch
wia ma uns dös prophezeit –
gabats nix, was ih bereut.

Und wanns scho oana tragisch nimmt
ob nach Silvester noch was kimmt –
wer heut an Morgen denkt, is dumm!

Es lebe das Millennium!
Toats wia ih! Machts euch nix draus!
Sagts: Prosit Neujahr! – Und aus.

Millenniumsgedicht

A Jahr geht seinem Ende zua
und olle Welt schaut auf die Uhr
die uns im Flug die Stunden raubt.
Doch was is Z e i t denn überhaupt?

Sie is der Herzschlag, der uns tragt
wanns uns vor Glück die Sprach verschlagt
und hilft uns, wenn sie sich beeilt
weil sie dann schneller Wunden heilt.

Sie is vom Anfang bis zum End
der Raum, den man Leben nennt
und dem erst in der Ewigkeit
das Maß des Irdischen entgleit.

Die Zeit misst nur die Gegenwart.
A Jahr tritt ein, a alts geht fort
und wann ma uns auch dagegn sträuben
werdn morgen nur mehr Fakten bleiben
und die Erinnerung dann und wann
dass nichts für immer bleiben kann.

Denn was man gschenkt kriagt und genießt
hat meist nur kurze Aufbrauchfrist,
rinnt wia feiner Sand durch d'Finger
und kunnts uns eines Tags gelinga
zu halten, ois, was guat und schön –
gabs koane Tiefn, koane Höhn.

Der Zeiten Lauf ist wie Magie.
Ob sie heut Nacht zur Euphorie
oder zur Endzeitstimmung wird –
liegt an uns selbst, doch jeder spürt
wohl a bisserl Unbehagen

wann zwölf mal die Uhren schlagen
und 2000 Jahr einläuten.
Gute Zeiten? Schlechte Zeiten?
Dahinter steht a Fragezeichen.

Doch lass ma kurz vorüberstreichen
was die letzten Hundert Jahr
bewegend und bedeutsam war.
Um jener Namen zu gedenken,
die unser Weltbild präg und lenken,
jahrzehntelang Geschichte schreiben
und immer a Legende bleiben.

Churchill, Gorbatschow, de Gaulle
Figl, Raab, Walesa, Kohl
und der Mythos Kennedy.

Mit Macht und Mut, Diplomatie
prägt ihr Einfluss das Geschick
und schreibt große Politik
für Gschichtsbücher und Lexikon.

Oktoberrevolution,
Prager Frühling, Hiroshima
und Weltkriege, wo heut wie immer
sich Millionen stummer Zeugen
der Macht eines Diktators beugen.

Bomben, Massensterbn und Grauen
Wiedcraufbau, Selbstvertrauen,
neue Ziele klar erkennen
und in den Augen Freudentränen
wia über Nacht ohne Gewalt
die Berliner Mauer fallt.

Kriege, Siege, Niederlagen.
Die Zeit, sie läuft, ohne zu fragen
und prüft die Welt durch Schicksalsschläge.
Doch immer suchen Menschen Wege
um vor der Sterblichkeit zu fliehn.

Insulin, Penicillin
bereitet durch ihrn Siegeszug
der Medizin an Höhenflug,
wo der Menschen Machbarkeiten
erstmals die Ehtik überschreiten.

Das erste Herz wird transplantiert
und die Forschung triumphiert
dass das Baby Luise Brown
im Reagenzglas zeugt werdn kann.
Die Welt hat a Retortenkind!
Und a Illusion beginnt
vom klonen und unsterblich werden.

Kometen nähern sich der Erden
und Millionen zittern mit
wo ein Mensch den Mond betritt.

Der Weg zur Zukunft is beschritten.
Fernsehn via Satelliten,
CDs, Computer, Videos.
Medial und grenzenlos
betreibt a Großmaschinerie
die neue Freizeitindustrie.

A Zeitalter im größten Wandel.
Offene Grenzen, freier Handel,
Mobilität, Kommerz, Konsum –
Schlagzeilen im Millennium
die noch in den 50er Jahrn
im Sprachgebrauch a Fremdwort warn.

Wiederaufbau, Nachkriegszeiten.

Die Jugend einst erlebt bescheiden
die Steigerung der Konjunktur.
Schlagerfilme, Stöcklschuah,
Musikbox und Tanzcafe
und s'erste Auto a VW.

A Weltbild kriagt an neuen Rahmen
und heut noch denk ma gern an Namen
die uns in vergangnen Zeiten
harmloses Vergnügn bereiten.

Mit Heimweh und mit Seemannslieder
vom Freddy: „Junge komm bald wieder".
Mit Elvis Presley: „Love my tender"
dös klingt aus olle Radiosender
und Rock'n'Roll vom Peter Kraus.
Im Fernsehn lauft die Micky Maus,
im Kino a Hans Moser-Film
und was aus Kaisers Zeiten bliebn
is d'Sissy mit der Romy Schneider.

Und drahn ma d'Uhr a Stückerl weiter
tragn olle Buam der 70er Jahr
wia dö Beatles lange Haar.

Längst san sie olle Evergreen.
Doch damals san sie der Beginn
der Jugendrevolution.

Auf tirolerischem Bodn
grabns ausn Eis an Ötzi aus
und z'USA, im Weißen Haus
sitzt wochenlang der Billy Clinton
wegn der Lewinsky in der Tintn.

Schlagzeilen aus unserem Jahrhundert,
wo man sich darüber wundert,
wann mans erlebt oder nur glesn –
is dös net erst gestern gwesn?

A hoffnungsvolles Jahr beginnt
wann net der Computer spinnt.

Und wann uns auch d'Silvesternacht
wieder a Jahrl älter macht –
lasst uns, dass wir d i e Stund erleben
voll Dankbarkeit das Glas erheben
im Kreis der Freunde rundherum!
Es l e b e das M i l l e n n i u m .

Weltuntergang auf himmlisch

A aufgeregte Engelschar
flattert rund ums Himmelstor,
pumpert an die Tür und schreit:
Sperr auf, mia haben a Neuigkeit!

Da Petrus, grad beim Mittagsschlaf
erhebt sich langsam von da Sof,
schalt s´Liachtl ein beim Heilignschein
und brummt: Was kann so wichtig sein,
dass ich nu nix woaß davon?

Und ob! Sagn d´Engerl. Halt dih an.
Mia san ausgflogn, Briafal holn
und aus olle Wolkn gfalln
wia ma segn - du glaubst as net -
DASS DIE WELT NU OLLWEI STEHT!
Wia eh und je, als wann nix war
und richtig draht hat se si a!

Da Petrus brummt nur: A h a .
Warum soll se si nimma drahn?

Geh, sagn die Engerl, du fragst bled.
Woaßt du denn net, dass untergeht?

Woaß ich, moant da Petrus drauf,
und wegn so was weckts mih auf!
Herobn woaß ma dös länger scho
und ich hab gsagt: Dös blas´ ma o.

Scho alloa wegn an Termin,
wo ih eh so trawig bin
dass ih ois richt fürs Jesukindl.
Und da stand dös ganze Gsindl
von untn da und tragt bei mir
an Dreck eina durch d´ Himmelstür!

Dann is mei Postn in Gefahr.
Womöglich steckn mir dann goar
Banker und Politika
die Lobbyistn und a Star
a Schmiergeld zua und wolln herobn
an Fensterplatz mit Aussicht haben!

Der Wirbel hätt mir grad nu gfehlt.
Daß wieder amal auf da Welt
der Untergang stattfinden soll
is ja net dös erste Mal
und sunst nix wia a Schmafu
Sie draht si nämlich ollwei nu.

Er scheppert mitn Himmelsschlüssel
und sagt: Dös dauert nu a bissl.
D ö s   bestimmt da Chef, wia lang!

Die Engerl sagn: Na Gott sei Dank
und ih hoff a, sie steht nu lang,
weil ich net wüßt, wanns untergeht -
für wen ih d ö s Gedicht gschriebn hätt!

Meditationen aus dem
„Alpenländischen Requiem"

Die Spuren des Lebens

Herr, wann ich zruckschau auf den Weg
von meiner Erdenzeit,
so siag ih nebn die eigenen Spurn
die, wo du mih begleit.

Sie san nebn mir in Freud und Load
Ih siag sie wia an Tram,
beim allerersten Gehversuach,
bei jedem Purzlbam,
beim Schulgehn in der Jugendzeit
sans mir wahrhaftig nah,
da hab ich, Herr, wia war ich dumm
oft tan, als wärns net da.

Ob mi mein Weg durchs laute Treibn
oder durch d´Oaschicht führt -
in der Fremd, wia ah dahoam
begleit mih dei Schriatt.

Da fallt mei Blick auf jene Jahr,
die zu dö Schwerstn ghern,
und plötzlich san nur oanmal Spurn
zum segn auf da Erdn.

Herr, verzeih, daß ih di frag,
doch sag, was dös bedeut?,
daß´d mih alloane glassn hast
in meiner schwerstn Zeit?

Durchs ganze Leben hast mih gführt
beschützt von fruah bis spat,
grad am steilstn Stückl Weg
hätt ich dih nötig ghabt.

Mein liebes Kind, so spricht der Herr,
die Spuren sind nur Schein.
Ich liebe dich und nie und nimmer
ließ ich dich allein.
Ich bin dir nahe bis ans End
an allen deinen Tagen
und wo du eine Spur nur siehst -
da hab ich dich getragen.

Dö Tag, Herr, die´st ma gschenkt hast

Dö Tag, Herr, die´st ma gschenkt hast
in dieser schönen Welt,
san wia die bunten Blumen
und wia die Ährn am Feld.

Dö Jahr san voller Wunder und
oft net zum verstehen,
im Fruahjahr siagst ois wachsn,
im Spatherbst siagst ois gehn.

Da Summa kann net bleibn,
da Schneewind holt dö Blüah,
d´Natur, sie legt sich schlafn.
Nur d´Ewigkeit geht nia.

Der letzte Gang

Herr, du hast mih gruafn,
mei Tagwerk is zu End,
ois, was ma lang vertraut war,
leg ih in deine Händ.

Dö Jahr, die mir beschert warn,
san furtgrennt wia im Flug,
ja, wahrlich ´s ganze Lebn
scheint mir wia a Atemzug.

Hast mih am Weg des Daseins gführt
im Schattn wia durchs Liacht
und da wo ih dei Näh verspür,
hab ih mih nimma gfürcht.

Jetzt, Herr hast du mih gruafn,
hilf ma, dass ih dih find
und eingehn derf ins Paradies.
Erlös mih von der Sünd.

Herr, dass ih Vater sagn derf

Herr, dass ih Vater sagn derf,
hab ih mir dös verdient?
Unfolgsam war ih gegn dih
und gar net wia Kind.

Wia ih kloa war,
hat mih d´Mutta s´Betn zu dir glehrt
und dass du ois erschaffn
hast auf unsrer schönen Erd.

Da hab ih ganz bedingungslos
mei Liab an dih verschenkt,
bis der Rausch der Jugendzeit
dei Bild in mir verdrängt.

A Scheinwelt hat mih ghindert dran,
mein Blick zum Himmel z´hebn
und in mein Selbstgfalln hab ih tan
als tät´s dih gar net gebn.

Ih war am Ziel, ih war am End,
ih war bald obn, bald int
und ih habs gwußt, ih bin verlorn,
wann ih dih nimma find.

Da hab ih angfangt mitn Suachn.
Am Berg und drunt im Tal
und in mein Nächsten,
und ganz plötzlich find ih dih überall.

Jetzt steh ih da vor deiner Tür
und bettel wia a Kind,
dass du mih in Liab aufnimmst,
und net, wia ih´s verdient.

Herr, wia nichtig is die Welt

Herr, wia nichtig is die Welt
mit ihrem ganzen Streben,
wo wir unsrer Zeit nachjagn
als␣tät ma ewig leben.
Wo wir nur zu denen schaun,
die was habn und san
und uns dabei die ganze Sicht
aufs Himmelreich vertan.

Der Lärm macht unsre Ohren taub,
vom Flimmer wern ma blind
und jeder suacht sich an Ersatz
fürs Glück, dös er net find.

Die Macht tragt man mit Waffen aus
und d´Nächstenliab friert ein
und dass man´s hört bis tiaf ins Herz
müassat ma aussaschrein:

Net dös Schlechte in der Welt
hat einst vor dir a Gwicht -
für´s Guate, dös ma n e t tan haben,
werdn ma vom Schöpfer gricht!

Unsa Welt braucht an Himmel

Unsa Welt braucht an Himmel,
wo´s auffi kann schaun,
oft tuats nur a Stückerl
dass s´Herz aufgeh kann.
Wo ma g´spürt, dass was is
was ma selber net findt,
dass was gibt, dös uns mit obn verbindt.

A guats Gfühl, wo ma woaß,
ois, was kimmt, hat a sein Sinn,
dass da wer is, der auf dih schaut,
wo guat aufghobn bin,
wann dih was druckt,
wann dih wer kränkt
und voller Wolken ois hängt,
koana an Rat mehr für dih hat
dann biagt da Himmel ois grad.

Unsa Welt braucht an Friedn
als Herberg für d´Seel,
für die Ruah, fürs Dahoam
an da richtign Stell.
Wo ma angnumma wird,
wo ma hinghört im Leben -
kann die Welt dih im Himmel ei´hebn.

Jeder Tag is a Geschenk

Jeder Tag is a Geschenk
in an seidnen Papier
mit an Bandal zammbundn
wo draufsteht: Ih ghör dir.
Pack´s in da Fruah wia a Kostbarkeit aus
und mach dös Beste daraus.

Jeder Tag is a Geschenk
zwischn Gestern und Morgn,
nimms dankbar entgegn,
es is ois darin verborgn.
Was dir beschert is an Freuden im Leben
wird´s vielleicht morgn nimma gebn.

Jeder Tag is a Geschenk
vergiß nia darauf
die Stundn, verfliagn,
das Jahr nimmt seinen Lauf.
Heut is dei Tag und drum fang ihn so an,
dass er der Schönste werdn kann.

Friede ist wie eine Tür

Friede ist wie eine Tür,
die das Herz nur öffnen kann,
sie steht zwischen dir und mir -
Gottes Lieb, die dies ersann,
das wir zueinander stehn,
uns vertragen und vertraun
um in Gottes Reich zu schaun.

Gottes Auftrag an die Welt
heißt vergeben und verzeihn,
Gräber ragen aus dem Feld,
Kriege, die zum Himmel schrei´n,
mach die Faust zur offnen Hand,
die uns aufnimmt in dein Reich.
Alle Welt, der Friede sei mit euch.

Friede ist wie eine Tür,
die verbindet und vereint,
fern Gesetzen auf Papier,
kennt nicht Gegner und nicht Feind.
Nimm den Schlüssel in die Hand,
um zu öffnen, sei bereit!
Dann wird Friede sein auf Erden allezeit.

Inhaltsverzeichnis

FREUZEITGEDICHTE

Mir gehts am liabsten guat	7
Poet ohne Allüren	8
Der Alleinunterhalter	9
Der erste Auftritt mit der Harmonika	10
Traumflüge mit Bodenhaltung	12
Frühlingserwachen zum Einschlafen	13
Titel und Ordensträgerlitanei	14
Die Schlacht am Buffet	16
Dein Friseur macht dich rundherum schön	18
Liebe is leiwaund	20
Bussi Bussi Gsellschaft	21
Ich hätt getanzt heut Nacht	22
Streitgespräch im Kleiderkasten	24
Männer mit Mehrwertsteuer	26
Haushaltungshandycap	28
Leben nach Geschmack	29
Waschprogramm für Mitmenschen	30
Kein Platz für Tiere	31
Patriot in rotweißrot	32
Eurotische Gefühle	34
Der schwarzblaue Modefrühling	36
Big Mäc für Kinder und Rinder	38
Rendezvous zum Friendstarif	39
Technosound mit Hausverstand	40
Mit dir mecht ih a Tanzal drahn	41
Zwiegespräch von Sonne und Mond am 11. August 1999	42
Himmelblaues Kompliment	44

FESTE IM FEIERTAKT

Zum Furtgeh	45
Nimm dir wieder Zeit zum Leben	46
Für Lebenskünstler	47
Muttertag	48
Sa-Tierischer Muttertag	50
A Freund für jede Jahreszeit	51
Erinnerungen beim Klassentreffen	52
Abschied von der Schulzeit	54
Für alle Geburtstagskinder	56
Was ih dir wünsch	58
Für eine Oma zum runden Geburtstag	60

Zum Fünfziger	61
Einladung zum Fünfziger und aufwärts	62
Zum Sechziger und aufwärts	63
(Spiel) Geburtstagsgeschenk auf Umwegen	64
Für Verliebte	68
Für den schönsten Tag	69
Gedicht für zwei	70
Zum freudigen Ereignis	71
Zur Goldenen Hochzeit	72
Zur Jubelhochzeit (60 Jahre)	74
Zum Abschiednehma	75
Zur Priesterweihe	76

FÜR DIE (H)EILIGE ZEIT
UND ZUM NEUEN JAHR

Ein Jahr geht still und leise	77
Weihnachtskartengrüße	78
Die Hirten schlafen	79
Gedicht fürn Nikolaus	80
Gedicht fürn Krampal	81
Die Vorweihnachtsdiät	82
Die Katzenweihnacht	84
Das Christklinglfest	86
Stallgespräch in der Mettnnacht	88
Jahresrückblick mit Liebe	90
Das letzte Kalenderblatt	91
Ausblick aufs neue Jahr	92
Millenniumsspektakel	93
Millenniumsgedicht	95
Weltuntergang auf himmlisch	100

MEDITATIONEN AUS DEM
ALPENLÄNDISCHEN REQUIEM

Die Spuren des Lebens	102
Dö Tag, Herr de´st ma gschenkt hast	103
Der letzte Gang	104
Herr, das ih Vater sagn derf	105
Herr, wia nichtig is die Welt	106
Unsa Welt braucht an Himmel	107
Jeder Tag is a Geschenk	108
Friede is wie eine Tür	109

Im Schreibergarten
96 Seiten • ISBN 978-3-902488-78-7

Willst anderen Menschen Freude machen
oder brauchst selber was zum Lachen,
lies, worauf willst du noch warten –
aus meinem Buch „IM SCHREIBERGARTEN"!

Aus dem Inhalt: Die Feuerwehr – Pisa Opfer –
Das Leben ist Sport – Gedächtnisbrücke – Schuh
for you … WEIHNACHTEN: Konzert in
Bethlehem …

Angelikatessen
96 Seiten

Möchten Sie einen Begleiter, der
Ihnen hilft, vergnügt und heiter
die Alltagssorgen zu vergessen –
lesen Sie ANGELIKATESSEN

Aus dem Inhalt: Am Rande der Wahrheit –
Urlaub im All – Dinner for one –
Zauber der Musik – Herz ist Trumpf –
Die Kalenderzeit – Mama …

Sternzeichen für Lachdenker
Himmlisch & Bodenständig

112 Seiten

Eine amüsante Version über die 12
Tierkreiszeichen und 36 Lachdenker-
gedichte für den fröhlichen Alltag.
Aus dem Inhalt:
Spaziergang mal zwei – Reich, reicher,
Österreich – Bastelstund in Bethlehem …

Mich können Sie:
buchen: Lesungen und Moderation
besuchen: Gedichte für Lachdenker,
Mitte Juli bis Ende August, jeden Montag, 20 h,
daheim auf dem Feldbauernhof, Steinbach am Attersee
verschenken: als Geburtstagsüberraschung

Angelika Fürthauer
4853 Steinbach am Attersee, Feld 6
Tel und Fax: 0763 20085, Mobil 0664 5510 486
Email: angelika.fuerthauer@salzkammergut.at
www.lachdenker.at